AF493560

par M. l'abbé Carminel —
d'après Quérard. —

PENSÉES SUR LE THÉISME,

OU

DÉFENSE D'*ALI-GIER-BER*.

PAR l'Auteur des Principes contre l'Incrédulité, *l'un des Titulaires de l'Académie de Châlons-sur-Marne.*

Lex victa fluebat
Naturæ, humanis nisi vox divina sonaret.
Auribus ... [ANTILUC.]

A PARIS,

Chez CL. SIMON, Imprimeur de Monseigneur l'ARCHEVÊQUE, rue St.-Jacques, près St. Yves, N°. 27.

M. DCC. LXXXV.

PRÉFACE.

Il a paru un Livre en deux tomes, intitulé : Certitude des preuves du Mahométisme. *Ceux qui l'ont lû seront peut-être bien aises de voir quelques réflexions sur ces Volumes. Ceux qui ne l'ont pas lu, ne seront sans doute pas fâchés d'apprendre quelles sont les maximes que l'Auteur attaque, & combien tous ses efforts sont foibles contre la vérité ! J'ai choisi ce genre d'écrire, afin de pouvoir suivre notre Théiste dans sa marche capri-*

cieuſe. J'ai tâché que ce qui pourroit, au premier coup d'œil, paroître (des redites), *ne le ſoit pas tout-à-fait dans le fonds. Du reſte, je ſerois peu content de ce petit Ouvrage, ſi je n'avois que réfuté un gros Livre.*

PENSÉES

PENSÉES SUR LE THÉISME.

I.

Les Théistes viennent d'imaginer un raisonnement qui, selon eux, prouve d'un seul coup la fausseté de toutes les Religions soi-disantes révélées ; & cela, sans aucune discussion préalable, & sans qu'il soit besoin d'examen. Quel est donc ce *syllogisme triomphateur ?* Le voici :

» Une Religion, dont les preuves ne » sont point à la portée de tous les » hommes raisonnables, ne peut être

» la Religion établie de Dieu, pour les » ſimples & pour les ignorans ».

» Or, il n'y a aucune Religion, de » toutes celles qui ſe prétendent révé- » lées, dont les preuves ſoient à la » portée de tous les hommes raiſon- » nables ».

» Donc, aucune de ces Religions ne » peut être la Religion établie de Dieu » pour les ſimples & pour les igno- » rans ».

La premiere propoſition ne me paroît pas ſans difficulté; & je tiens la ſeconde pour fauſſe. Il eſt donc ſujet à diſcuſſion lui-même, ce puiſſant *ſyllogiſme?* Il eſt vrai que l'Auteur promet d'en éclaircir toutes les parties obſcures, dans le cours de ſon Livre, en deux tomes, à l'aide de deux cens quarante-deux notes, ſans oublier un ſupplément, enrichi de ſes notes encore. Voilà de la tâche; mais ce n'est pas, sans doute, *pour les simples & les ignorans?*

II.

Le Révélationniste de son côté invoque un principe éternel, connu de tous les hommes, qui n'est point écrit dans les livres des Théistes, mais qui n'en est pas moins vénérable.

» L'imposture, dit-il, ni l'erreur, » même involontaire, ne doivent ja- » mais se présumer gratuitement. Je » suis injuste si je regarde comme men- » teur, un homme dont la mauvaise » foi ne m'est aucunement prouvée. » Pourrois-je, à plus forte raison, » supposer la fraude dans un peuple » entier, ou dans plusieurs peuples? » Je ne dois mépriser un témoignage » que lorsque la raison le dément, ou

„ qu'un témoignage également grave le „ balance & l'anéantit „.

Voilà une maxime, que les hommes les plus grossiers & les plus bornés connoissent, aussi-bien que tous les vrais Philosophes. Elle est de tous les tems & de tous les lieux, cette maxime ; elle est immuable, universelle, de souveraine équité : nous la suivrons, quoiqu'en disent le Philosophe *Mamoud* & son défenseur.

III.

Seroit-il bien impossible, que Dieu, qui conduit le genre-humain par l'autorité des Sçavans, dans les choses qui sont du ressort de l'Astronomie, de la Médecine, de la Physique en général, & des Mathématiques, employât l'autorité dans les choses de la Religion ? Combien de vérités ne croyons-nous pas, ſur la parole de *d'Alembert ?*

I V.

La multiplicité des ſectes, chez les Mahométans, les Juifs, les Chrétiens, les *Théïſtes*, n'eſt point une preuve pour ou contre ces croyances ; la vérité, indiviſible, peut abſolument ſe trouver dans une des ſociétés rivales.

V.

Quelque étendu qu'ait été le Paganiſme, il ne s'enſuit pas que cette Religion ait jamais été Catholique. La *Catholicité* eſt l'*exiſtence dans tous les tems & dans tous les lieux.* L'Evangile des Payens, excepté quelques traditions précieuſes & univerſelles, n'étoit guères que le recueil des imaginations de leurs Poëtes.

V I.

Si le Philoſophe *Mamoud* étoit François, je lui défierois de douter de l'exiſtence de Henri IV, & même de celle de Clovis.

V I I.

La Religion naturelle ne donne pas droit à tout. Le Théiſte n'a pas celui de rejetter toutes les traditions ; ce ſeroit regarder le reſte du genre-humain comme un vil amas d'impoſteurs. Si cette opinion étoit poſſible, elle ſeroit au moins déteſtable.

V I I I.

Ce ne ſont point les vérités ſurnaturelles qui ſont immédiatement prouvées par les traditions humaines ; mais les faits auxquels ſont liées ces vérités ; c'eſt une chaîne, dont le dernier anneau eſt dans la main de Dieu.

I X.

Les livres des Mahométans ont beau être pleins de prodiges ; ſi ces prodiges ne ſont point atteſtés ; ſi ces livres ſont démentis par des autorités égales, ou plus grandes, de tout cela peut réſulter moins que *zéro*.

X.

Il y a des gens qui, en paſſant ſur le Pont-Neuf, ſaluent encore avec attendriſſement la ſtatue *du bon roi Henri.* Les François ne les regardent pas comme des idolâtres : il n'y a pas plus d'idolâtrie dans les honneurs que rendent les Chrétiens aux images de Jéſus-Chriſt, ou de ſes Diſciples célebres.

X I.

Les Théiſtes ſe fâchent de ce qu'on leur prouve que Jéſus-Chriſt & ſes Apôtres ne ſont point des perſonnages chimériques. Hélas ! que n'a-t-on pas été obligé de prouver dans ce ſiecle ? Mais ſi la tradition nous dit que Jéſus-Chriſt a prêché l'Evangile, c'eſt déja beaucoup pour les Chrétiens ; ſi de plus elle nous aſſure que ſes Apôtres l'ont prêchée après lui, ainſi que leurs ſucceſſeurs, c'eſt encore davantage : ſi enfin cette autorité traditionnelle nous rapporte des miracles, qui établiſſent la divinité de la doctrine évangélique, & que jamais aucun témoignage équivalent n'en ait conteſté la réalité, c'eſt tout. Il n'y a point ici de diſcuſſion ; il ne s'agit que de *croire des témoins, que nous n'avons aucune raiſon de ſoupçonner d'impoſture.* Maxime gravée dans tous les cœurs en divins caracteres ; maxime que le Théiſte lit dans le ſien ; maxime que l'on ne peut ignorer, & que l'on ne peut mépriſer ſans ſe rendre coupable. Si Jéſus-Chriſt n'avoit point prêché l'Evangile, ni ſes Apôtres, ni leurs ſucceſſeurs ; s'ils n'avoient point opéré de miracles, les hommes, qui les premiers auroient publié & accrédité ces faits, euſſent été des fourbes inſignes, ou des extravagans, ce qui ne doit jamais ſe préſumer gratuitement de perſonne.

XII.

Les Martyrs, en mourant librement pour une Religion, prouvent leur conviction perſonnelle. Si cette Religion eſt fondée ſur des faits, qu'ils aient été à portée de vérifier, leur mort prouve la vérité de ces faits. Mais quoiqu'un Martyr Muſulman ſoit mort, *peut-être*, comme vous le dites, après avoir fait deux profondes inclinations à la Mecque; cette cérémonie n'ajoute aucun poids à ſon témoignage en faveur de l'*Alcoran*. Ce livre ne contient point de faits, d'où l'on puiſſe déduire la miſſion divine de ſon Auteur, ou de ſon Héros.

XIII.

Mahomet avoue que Jéſus-Chriſt a fait des miracles; il en raconte dans ſon *Alcoran*. Il eſt vrai qu'ils ſont différens de ceux qu'attribue l'Evangile à cet Homme-Dieu; mais qu'importe? il n'en reconnoît pas moins le pouvoir des miracles en Jéſus-Chriſt; il ne s'attribue point le même pouvoir; il s'excuſe expreſſément d'en opérer.

Il n'eſt pas abſolument néceſſaire que les miracles de Jéſus-Chriſt n'aient point de contradicteurs ; il ſuffit que l'autorité des contradicteurs ſoit moindre que celle des témoins ; il ſuffit que les témoins n'aient pas été démentis dans le même lieu & dans le même ſiecle ; il ſuffit qu'il ne nous apparoiſſe pas qu'ils aient été démentis. Que ſera-ce ſi nos ennemis viennent à l'appui de leurs dépoſitions ?

X I V.

Il eſt prédit dans le Nouveau-Teſtament que les Juifs ſeront diſperſés, juſqu'à ce qu'ils ſe convertiſſent à Jéſus-Chriſt. Voilà près de dix-huit cens ans qu'ils perſéverent dans l'incrédulité, & près de dix-huit cens ans que dure leur diſperſion. Cette preuve, ſi facile & ſi ſimple de la divinité du Nouveau-Teſtament, ſe fortifie de jour en jour. Elle étoit forte à la fin du premier ſiecle du Chriſtianiſme; plus forte à la fin du ſecond; plus forte encore à la fin du troiſieme, & ainſi de ſuite, juſqu'au dix huitieme: elle ſe fortifiera de plus en plus, à meſure que nous avancerons dans l'avenir; tant il eſt vrai que nos preuves ne vont pas en s'affoibliſſant!

X V.

Excepté quelques Philoſophes d'aujourd'hui, je ne vois pas qu'il y ait beaucoup de gens qui nient les miracles de Jéſus-Chriſt. Il y en a qui les ignorent, & l'on ne doit pas les compter parmi les contradicteurs; il y en a qui en doutent, & c'eſt un crime à eux de ne pas s'éclaircir; ils le peuvent, *en écoutant & peſant les témoignages*, *comme tout homme eſt capable de le faire.*

XVI.

L'Alcoran a pu s'établir ſans miracles, parce qu'il n'en annonce aucun; mais l'Evangile racontant une multitude de prodiges, faciles à vérifier; ſi ces prodiges ſe fuſſent trouvés nuls, il étoit par cela ſeul réfuté victorieuſement.

Ouvrez ce volume ſacré: ne promet-il pas aux Apôtres de Jéſus-Chriſt le pouvoir de faire à leur tour des miracles nouveaux? Si donc ils n'en euſſent fait aucun, l'impoſture devenoit de plus en plus évidente & palpable; & ce livre, à peine ſorti du néant, y ſeroit retombé, ou du moins auroit été enſéveli pour jamais dans le tombeau du mépris.

Si la Religion Chrétienne étoit fauſſe,

ſes premiers Prédicateurs auroient, par une biſarrerie inconcevable, pris tous les moyens d'en faire apparoître au plutôt la fauſſeté.

XVII.

Les Juifs portent avec eux, par-tout l'univers, leurs titres de nobleſſe. Les livres de l'Ancien-Teſtament contiennent l'hiſtoire de ce peuple étonnant. Ils leur promettent cent & cent fois; c'eſt trop peu dire, ils leur annoncent preſqu'à chaque page; qu'ils ſeront perpétuels ſur la terre, qu'ils y formeront toujours un corps de nation; que le pacte de Dieu avec Abraham, & avec ſa deſcendance, ne ſera jamais caſſé. Il n'eſt pas néceſſaire de ſçavoir les langues orientales, pour entendre cette prophétie; elle eſt tant répétée, tant traduite de fois, qu'il eſt impoſſible de prendre le change. Théiste ! voilà quatre mille ans que cette promesse a commencé à leur être faite : il y a quatre mille ans que l'événement y est conforme. Cette promesse est donc une véritable prophétie, à laquelle l'accomplissement apporte de siecle en siecle de nouvelles couronnes, toujours plus brillantes. Plus le monde avancera en âge, plus cette preuve, de la divinité des livres qui la contiennent, se fortifiera. Tout homme peut lire ces livres ; tout homme peut voir de ses yeux des enfans d'Abraham.

Ces mêmes livres les menacent d'exil, lorsqu'ils seront infideles au pacte divin. Il y a presque dix-huit cens ans qu'ils sont exilés. Ils ont mis à mort Jésus Christ vers cette époque ; on ne leur trouve point d'autre crime. Jésus-Christ est donc le Messie, prédit dans les livres dont nous parlons ? Qui ne ſeroit frappé de la majeſté de cette preuve ?

XVIII.

Un Philoſophe, qui ſe permet les injures, ſemble avoir de ſes lecteurs une idée trop peu avantageuſe.

XIX.

L'Egliſe Catholique, c'eſt-à-dire, du moins, une ſociété reſpectable & nombreuſe, me préſente l'Evangile, qu'elle me déclare avoir reçu des Evêques, prédeceſſeurs de ceux qui la gouvernent aujourd'hui, leſquels l'avoient également reçu de leurs prédéceſſeurs, & ainſi de ſuite, par une tradition qui deſcend des Apôtres. Une foule de faits miraculeux ſont rapportés dans ces feuilles ſacrées, & je ne vois point de contradicteurs légitimes. Les faits dont il s'agit n'ont pu être valablement conteſtés, que par des témoins contemporains. Ils ſont atteſtés au contraire par des hommes voiſins des tems & des lieux, par des millions d'hommes, qui ont répandu volontiers tout leur ſang en l'honneur de ces faits & de la Religion, dont ils ſont les appuis. Ce témoignage eſt irréprochable, irrétactable ; il eſt dans les archives du genre-humain ; on n'y trouve point de témoignage oppoſé qui puiſſe le balancer. La raiſon ne me découvre aucune abſurdité dans le Chriſtianiſme. En vain donc, après dix-ſept cens ans, viendra-t-on me ſoutenir que les témoins étoient des fanatiques ou des fourbes, & que les faits ſont des chimeres. Quelles preuves en avez-vous ? Et, de bonne-foi, le croyez-vous ? Non, ſans doute, puiſqu'il ne nous eſt pas libre de croire ou de ne pas croire ſans motif & à notre gré.

Pour détruire le Chriſtianiſme, il faudroit anéantir les miracles : pour anéantir les miracles, il faudroit effacer les témoignages des Martyrs, & les traces de leur ſang : pour effacer les témoignages des Martyrs, il faudroit rejetter l'hiſtoire & la tradition orale : pour rejetter la tradition orale & l'hiſtoire, il faudroit ſe plonger dans un pyrrhoniſme léthargique.

X X.

Un bon argument eſt de tous les pays. Si une preuve, qui m'attache au Chriſtianiſme, arrête quelquefois un Infidèle dans le culte de ſes peres, cela ne la rend pas plus mauvaiſe. Tout devoir n'eſt pas anéanti pour les Infidèles ; chez eux on n'a pas droit plus qu'ailleurs d'accuſer gratuitement qui que ce ſoit d'impôſture & de menſonge. Il eſt donc poſſible que l'on ſoit innocemment dans l'erreur pendant quelque tems & à quelques égards, en vertu d'un principe excellent; mais qui ne nous délivre pas ſur le champ de tous nos préjugés.

Le grand nombre des Mahométans ne prouve point la bonté de la doctrine du *Coran;* mais le grand nombre de témoins prouvera toujours la réalité des faits qu'ils atteſtent.

L'antiquité de la Religion des Juifs, mere de la Chrétienne, ſera toujours un caractere de divinité; car ſi Dieu a parlé au genre-humain, tous les ſiecles ont dû en être avertis.

La mort volontaire de nos Martyrs a mis pour jamais en évidence, aux yeux de l'univers, ce qu'ils penſoient des miracles, ſur leſquels eſt fondé l'Evangile, & qu'ils étoient ſi à portée de vérifier.

Simon le Magicien, Apollonius de Thyane, les Mages de Pharaon n'ont rien fait de comparable à ce que l'on nous rapporte des Apôtres, de Jéſus-Chriſt & de Moyſe.

Les mortifications des Indiens prouveront, ſi vous voulez, leur conviction plus ou moins intime & profonde; mais où ſont les miracles extérieurs, qui puiſſent rendre cette conviction raiſonnable? Dites-le nous, avec les lieux, les dates, les circonſtances de ces prodiges, ainſi que les noms des *Taumaturges*.

XXI.

» *Croire n'eſt pas ſçavoir.* « On peut croire une vérité ſur des preuves, qui ne ſont pas concluantes : on n'en croit pas moins alors de bonne-foi une vérité parmi des erreurs. Si quelques ignorans croient ainsi la Religion sincérement, & qu'ils reglent toute leur conduite, autant qu'il leur est possible, sur cette croyance, l'Être suprême, qui ne couronne la science qu'à cause de la vertu, ne négligera pas ces bonnes gens. C'est ce qui montre combien les Théistes sont coupables, quand ils tâchent d'embarrasser la foi des simples : du reste, nous sommes obligés de nous instruire & de travailler, chacun dans notre état, selon notre capacité & nos forces, à éclairer de plus en plus notre esprit.

» Croire n'est pas sçavoir. » Cependant il n'est pas possible de croire, sans avoir quelque motif : la foi Chrétienne a pour motif la souveraine véracité de Dieu,

Un homme ſimple entend au moins le cri des cieux & de l'univers, qui lui annonce qu'il y a un Dieu. Il pourroit même apprendre cette grande vérité par les miracles, qui prouvent que Dieu a parlé au genre-humain, & qu'il exiſte à plus forte raiſon. Nous montrons que Dieu a parlé par les miracles; voilà le motif qui nous fait croire la révélation. Nous croyons les miracles par les témoignages humains, & ſingulièrement par le témoignage d'un ou plusieurs millions de Martyrs. Nous croyons qu'il y a eu des Martyrs ſur les témoignages de l'hiſtoire & de la tradition actuelle. C'eſt ainſi que nous montons juſqu'à la révélation divine. Alors, parmi les dogmes révélés nous apprenons celui-ci : que Dieu a établi une Egliſe infaillible, pour nous enſeigner ces dogmes dans le détail. Nous croyons cette vérité, que la raiſon pourroit nous démontrer, d'après tout ce que nous venons de dire. Nous ne tournons point dans un cercle éternel, comme nous le reprochent les Théiſtes, *en prouvant l'autorité de l'Evangile par celle de l'Egliſe, & l'autorité de l'Egliſe par celle de l'Evangile* : ils ont beau tracer & retracer ce cercle ſans ceſſe, ils ne pourront jamais nous y enfermer.

XXII.

Rome, qui fut d'abord une caverne de voleurs, a pu, par la force des armes, devenir la métropole de l'univers : Mahomet, en étendant ſes conquêtes, a pu propager l'empire de l'Alcoran : des hommes, pauvres & ignorans, peuvent abſolument faire recevoir leurs opinions ; mais jamais douze hommes ignorans & pauvres ne feront croire des faits supposés, dont ils assignent l'époque récente & le théâtre public, mettant ainsi eux-mêmes leur imposture en évidence. C'est ce qu'auroient fait, si la Religion étoit fausse, les Apôtres de Jésus-Christ.

Mahomet s'est appuyé de l'autorité de la vraie révélation, en prêchant un mélange de Judaïsme & de Christianisme : il s'est donné pour l'envoyé de Jésus-Christ & le consolateur promis dans l'Evangile ; c'est-là une *interprétation* & une opinion. Les Hérétiques Chrétiens ne rejettent pas tous nos dogmes ; ils prétendent ordinairement trouver leurs systêmes dans l'Ecriture ; ce sont-là encore des opinions. On peut pousser l'entêtement jusqu'à mourir pour des opinions. Le vrai Martyr est celui qui meurt pour des faits ; l'Evangile compte

compte en ſa faveur plus d'un million de ces Martyrs : l'hiſtoire & la tradition nous apprennent leurs ſouffrances ; elles marquent les tems, les lieux, & ſouvent les noms & les familles : elles n'oublient point le retour des Apoſtats à l'Egliſe, après les orages des perſécutions. Il n'eſt pas poſſible qu'elles inventent de ſi vaſtes événemens. Ne comparez-donc plus Jéſus-Chriſt à Mahomet, qui, ſi l'on en croît les Muſulmans, ne rougiſſoit pas de ſe recommander à ſes prieres. (*)

XXIII.

On nous oppoſe des poſſibilités : dans l'abîme des poſſibilités, nous tâchons d'aborder à des faits ; nos propres ſens nous les montrent, ou des

(*) Voyage du Ciel.

témoignages irréprochables nous les annoncent. C'eſt un crime de préſumer l'impoſture gratuitement. On vous répétera, tant que vous voudrez, ce principe.

XXIV.

Si la vraie Religion eſt pour les hommes, elle ne doit être bornée ni par les tems ni par les lieux, afin que tous les hommes puiſſent la connoître. Le Juif a l'antiquité, & il la communique au Chrétien. Le Muſulman n'a point de généalogie. On ne voit pas que Mahomet ait été promis dans les écritures, plus clairement que le gentilhomme Breton, dans les Oraiſons de l'Egliſe.

XXV.

L'hiſtoire du Dieu *Fô*, de ſon in

carnation, de ſes huit mille réſurrections, & d'autres hiſtoires ſemblables, que les Théiſtes nous citent avec complaiſance, ſont des altérations apparemment, ſoit des prophéties, ſoit de l'Evangile même. Pourquoi ne citez-vous ni lieux, ni dates, ni témoins?

Vous prouvez, contre votre intention, & pour nous, que la vraie Religion a été connue de tous les Peuples. Avez-vous ſuivi les Miſſionnaires Iſraélites ou Chrétiens dans les différens ſiécles, & dans les diverſes parties de l'univers? Le grand fleuve, dont ces traditions ſont des écoulemens, & comme des filets, ſera toujours reconnoiſſable; c'eſt celui qui a été teint du ſang de plus d'un million de nos Martyrs.

XXVI.

Tout homme a droit de paſſer pour

ſincere, tant qu'il ne nous a pas donné lieu de ſuſpecter de ſa véracité ; à plus forte raiſon, lorſqu'il donne des preuves de bonne-foi peu ordinaires. Un homme inacceſſible à ces paſſions tumultueuſes, qui troublent le repos de la ſociété ; un homme qui travaille ſans relâche au ſervice de ſes ſemblables, dont toute la vie n'eſt qu'un tiſſu d'actions utiles & généreuſes, qui ſacrifie ſans ceſſe ſes forces, ſa ſanté au ſoulagement des malheureux & à l'intérêt public, un tel homme a d'autant plus de droit d'être regardé comme vrai, que la vertu paroît plus reſpectée dans toute ſa conduite. Si un tel homme, avec pluſieurs autres du même caractere, m'atteſte des faits, évidemment poſſibles à leur cauſe, & que la raiſon ne me ſemble pas déſavouer, je crois ces faits, & j'admets les conſéquences qui en dérivent ; & tout cela n'eſt rien aux yeux du Philoſophe Théiſte ? Quelle défiance ! Quelle idée ce Philoſophe bienfaiſant a-t-il donc du genre-humain !

XXVII.

Si l'on en croit les Théiſtes, qui ne veulent croire perſonne, les édifices, les monumens ne prouvent choſe au monde. Ainſi les ſtatues ne prouvent point les actions, ni même l'exiſtence des héros : les temples ne prouvent point la piété des ſiecles qui les ont vu bâtir : les croix, placées dans les lieux les plus éminens des villes, ne prouvent pas que l'on y ait rendu honneur à Jéſus-Chriſt : les tombeaux des Martyrs ne prouvent pas qu'ils aient verſé une goutte de ſang ; ni bientôt les antiques maiſons, que nos peres ſe logeoient avant nous.

XXVIII.

La prophétie de la perpétuité du peuple Juif ſur la terre eſt claire, & cent fois clairement énoncée dans l'Ecriture : l'accompliſſement en eſt journalier depuis quatre mille ans. Comment donc peut-on avancer en général que les prophéties ſont obſcures & au-deſſus de la portée du vulgaire ? *Liſons & voyons*, cela ſuffit. Le vulgaire ne peut-il pas du moins *entendre lire & voir ?*

Faiſons une ſuppoſition :

Si les Juifs ſe convertiſſoient à Jéſus-Chriſt ; » s'ils levoient les yeux vers » celui qu'ils ont percé, » comme s'expriment les feuilles divines ; s'ils le reconnoiſſoient pour le roi d'Iſraël & le Fils de Dieu ; s'ils ſe réuniſſoient avec nous dans la même foi & les mêmes eſpérances ; ſi Dieu auſſi-tôt leur rendoit ſon amitié & leur droit d'aîneſſe ; s'ils étoient rétablis dans la proſpérité & la gloire ; s'ils étoient honorés de toutes les nations de l'univers ; ſi tous les peuples, avec eux, ſe proſternoient humblement devant cette Croix, que les Théiſtes oſent blaſphémer, que deviendroient alors les vaines ſubtilités des Philoſophes ? Or, elles ne ſont pas plus ſolides aujourd'hui. Les Juifs, il eſt vrai, ne ſont point convertis, floriſſans ; mais ils exiſtent ; & tant qu'ils exiſteront, cet événement reſtera poſſible, & l'on ne pourra convaincre de faux les Oracles qui l'annoncent. Que dis-je ? quatre mille ans d'exiſtence ſont quatre mille ans d'exécution, littérale & viſible, de l'Oracle, qui leur promet cent & cent fois la perpétuité ſur la terre.

XXIX.

» Prouvez-moi, s'écrie le Théiste; » que vos *preuves* de la Religion révé- » lées sont des *preuves?* »

O Philosophe! je prouve que vos *difficultés* ne sont pas des *difficultés!*

XXX.

Il n'est pas nécessaire d'examiner toutes les Religions de l'univers habitable, pour savoir quand on doit croire des témoins oculaires: la mort a mis le sceau au témoignage des Apôtres & des Martyrs. Un million d'hommes se feroient-ils égorger pour des faits prétendus publics & circonstanciés, si ces faits étoient imaginaires? La politique n'a pas pu feindre des prodiges publics & circonstanciés, sur-tout en marquant les lieux prochains & les dates récentes.

Il est trop tard de venir, après dix-sept siecles, attaquer les faits évangéliques, contre lesquels la raison ne fournit aucunes armes. Où sont les contemporains qui les aient contredits au prix de leur vie?

Je vous ramenerai toujours au principe : tout homme a droit de passer pour sincere, tant qu'il n'a point donné lieu à des soupçons désavantageux contre sa véracité. L'Eglise, & en général toutes les sociétés, sont croyables dans leurs traditions, autant que la raison ne défend pas de les adopter : si dans leurs histoires il y a des faits incontestables, lesquels soient liés nécessairement avec une révélation divine, nous sommes obligés de l'admettre parmi les conséquences de ces faits, quand les Théistes devroient nous appeller avec autant de justice que d'élégance &

d'urbanité : *Gente moutonniere ! aveugles Catholiques !*

XXXI.

Je n'ai pas beſoin de conſulter d'autres témoins, quand je n'ai aucun lieu de ſuſpecter la ſincérité de ceux qui me parlent : je n'ai pas beſoin d'examiner les autres Religions, quand je n'ai aucune raiſon de penſer qu'il y en ait une meilleure que celle que je profeſſe ; je dois alors être ſans inquiétude : ſi je me trompois, je me tromperois innocemment : ſi d'ailleurs j'obſervois les loix de la conſcience, j'aurois fait tout ce que l'Être juſte peut exiger de moi. Oui, ſi nous nous trompions, en conſéquence des vrais principes, ce ſeroit alors que nous aurions droit de dire à Dieu : » O Être juſte ! » nous avons fait ce que vous euſſiez » fait vous même à notre place. «

XXXII.

Le Théiſte, qui ne pleure ni de ſes calomnies ni de ſes blaſphêmes, nous exhorte à pleurer : de quoi ? de ce que nous avons la témérité de le contredire & de penſer autrement que lui. Ne ſeroit-ce point une *ironie ?*

XXXIII.

L'incarnation de *Sommonacodon*, & toute ſon hiſtoire dans la Théologie Siamoiſe, prouve que Jéſus-Chriſt n'étoit pas inconnu aux auteurs de cette Théologie. Mais pourquoi n'en pas conclure, direz-vous, que nos Evangiles ont été copiés ſur les livres Siamois ? Pourquoi ? c'eſt que les auteurs de nos Evangiles parlent comme témoins des faits qu'ils racontent, ou du moins comme les ayant appris des témoins immédiats. L'Apôtre Saint Jean déclare expressément, dans une de ses Epîtres, qu'il écrit ce *qu'il a vu, ce qu'il a entendu, ce qu'il a touché* : vous ne lisez point dans ces histoires : *on dit : on croit : il est probable.* Or, ces passages ne peuvent avoir été altérés, si l'on ne suppose une fourberie méditée, laquelle ne doit jamais être supposée sans preuve. Il en est de même des autres Auteurs du Nouveau-Testament. C'est un recueil de témoignages positifs, que la tradition nous apporte de main en main, avec les noms des lieux & les dates. Ce ne sont pas des rumeurs vagues, contradictoires ; nos traditions tiennent d'ailleurs à celles d'un Peuple qui n'a point d'aîné dans la famille du Genre-Humain, & qui remonte jusqu'à l'origine même de l'univers. L'histoire de ce Peuple commence à la création ; ſes Prophêtes parlent de l'Incarnation, des ſouffrances, & de la gloire de Jéſus-Chriſt, long-tems avant les événemens ; leurs livres ſont ſignés de leurs noms, & datés du règne des Princes ſous leſquels ils ont vécu. Jéſus-Chriſt peut donc avoir été prêché aux Siamois ; & en invoquant *Sommonacodon*, c'eſt peut-être Jéſus-Chriſt défiguré qu'ils invoquent.

XXXIV.

Le culte Judaïque n'a pas été entiérement détruit, mais perfectionné par l'Evangile : les traditions Judaïques font partie de nos titres. Il y a, diſons-nous, une Religion divinement révélée, attendu qu'il y a un Peuple qui poſſede des Livres, où la perpétuité lui eſt diſtinctement promiſe, & que ce Peuple exiſte, en effet, depuis quatre mille ans jusqu'à ce jour, malgré toutes les forces souvent réunies pour le détruire. Quand je n'aurois d'autre gage de la divinité de ces livres, je ne pourrois en douter : je trouve dans ces livres des preuves invincibles de la mission de Jésus-Christ. Ce Peuple, il est vrai, ne le reconnoît pas encore pour le Messie ; mais son aveuglement ne m'empêche pas, moi, de voir J. C., & jusqu'à sa Croix, dans les feuilles sacrées de l'Ancien - Testament. Que dis-je ? L'aveuglement de ce Peuple devient même pour moi une nouvelle preuve de la Religion, si je le compare avec les prophéties qui l'annoncent, & qui néanmoins annoncent aussi sa conversion finale. Que le Théiste loue donc les traditions du Peuple Juif : ce n'est pas contre nous qu'il parle ; mais bien contre lui-même ; cependant il ne les loue point assez, c'est pourquoi nous ajoutons quelque chose à ses éloges.

XXXV.

Après avoir pris parti pour les Juifs, le Théiste chante la palinodie ; mais il ne gagne rien sur ce Peuple miraculeux. Quand les livres des Juifs auroient été controuvés, pillés, recousus, ce ne pourroit avoir été que long-tems avant la naissance de Jésus-Christ. Or, il est évident que la perpétuité y est promise mille fois à ce Peuple, & que l'histoire de Jésus-Christ y est, pour ainsi dire, écrite toute entiere. Cette Nation subsiste, quoique depuis Jésus-Christ tout semblât tendre à l'anéantir. Jésus-Christ a paru tel qu'il a été annoncé : voilà des faits qui ne sont point douteux. Quoi ! douterez-vous de l'existence actuelle des Juifs, que nous voyons, ou de leurs livres, que nous tenons dans nos mains ?

XXXVI.

Je ne sais si les Juifs les plus acharnés ont jamais proféré contre Jésus-Christ des blasphêmes aussi étonnans que ceux que le Théiste a écrits sous leur nom.

XXXVII.

A la vue des merveilles sans nombre, qui brillent dans l'ordre physique, je ne puis m'empêcher de croire que l'ordre moral ne soit beaucoup plus merveilleux encore ; & je me sens comme forcé d'écouter ce que m'en dit la Religion, sans m'étonner de ses mysteres les plus incompréhensibles.

XXXVIII.

L'Eglise Catholique réclame tous les enfans baptisés en bas âge dans les Communions Chrétiennes, qui confèrent le baptême, selon la forme prescrite par Jésus-Christ, son chef : elle réclame tous les simples & les ignorans de toutes ces Communions, qui n'ont point perdu la grace de leur baptême ; elle ne regarde comme hors de son sein que ceux qui sont sciemment & contre leur conscience dans le schisme ou dans l'hérésie. Il est vrai que ceux qui y sont, même de bonne-foi, sont privés du secours des Sacremens, que l'on ne trouve point dans leurs sectes. Enfin, elle met tout Mahométan, & en général tout Infidele, qui n'auroit jamais enfreint avec connoissance les loix naturelles de la vertu, au moins au-dessus des enfans morts sans baptême, avant l'usage de la raison. Est-ce là l'idée que vous tâchez de donner de cette Eglise, qui est peut-être votre mere.

XXXIX.

Le Théiste entonne son triomphe : il annonce que son livre va frapper *un coup décisif.* » *Qui habitat in cœlis* » *irridebit eos !* »

XL.

Pour croire raisonnablement, il n'est pas nécessaire de pouvoir expliquer en philosophe les motifs de notre persuasion, il suffit que la raison forme véritablement cette persuasion. Combien d'actions de la plus sublime vertu ne font pas les simples & les ignorans ? Ces actions supposent des combinaiſons profondes, dont il eſt impoſſible qu'ils nous rendent compte ; de même ces bonnes gens croient avec ſageſſe une multitude de choſes, & ſur les mêmes motifs que les ſçavans ; mais ſans pouvoir les analyſer : en ce ſens *la foi du Charbonnier* peut être auſſi raiſonnable & plus raiſonnable que celle du Géometre.

X L I.

Tous les raiſonnemens des Théiſtes n'opéreront jamais de perſuaſion intime & tranquille dans le cœur d'un homme inſtruit des élémens du Chriſtianiſme ; & la ſeule expoſition des faits évangéliques, & des témoignages qui les conſtatent, feront toujours des proſélytes à Jéſus-Chriſt, malgré toutes leurs déclamations ſolligiſtiquement blaſphématoires. *Des faits & des témoignages* ;

voilà nos titres ; & quand même il arriveroit quelquefois que nos Théologiens donnaſſent priſe à votre Logique, *les faits & les témoignages* ſe joueroient toujours de vos argumens. Deux de nos Evangiles ont été écrits par des témoins qui vivoient dans la compagnie de Jéſus-Chriſt. Il eſt dit expreſſément dans celui qui porte le nom de Saint Jean : *que c'eſt ce Diſciple bien-aimé qui a écrit ce livre* : les deux autres Evangiles ont été écrits par des Diſciples immédiats des témoins oculaires ; cela eſt dit en propres termes dans le premier chapitre de Saint Luc. Les autres livres du Nouveau-Teſtament ſont également remplis de témoignages, écrits & ſignés par des Apôtres, ou par des hommes Apoſtoliques. Voilà le livre que nous avons reçu de nos peres, de proche en proche, comme venant de ces Auteurs. On ne peut donc en contester l'autorité, sans supposer gratuitement des fourberies insignes. Or, il est écrit dans nos cœurs : *que Dieu seul peut opérer des miracles, & qu'il n'est point permis d'accuser de mauvaise foi des hommes qui n'ont pas donné sujet à des soupçons injurieux.*

XLII.

Quand vous dites que nos *chimeres* sur la révélation, ont leur source dans la nature humaine ; vous dites équivalement qu'elles ne sont point des *chimeres.*

XLIII.

On n'a trouvé aucun Peuple qui fût absolument sans Religion, & de-là on conclut que la Religion est naturelle à l'homme. Puisque l'on n'a trouvé aucun Peuple non plus qui ne prétendît avoir

une Religion révélée ; qu'en faut-il con
clure, sinon que tous les hommes pen
sent que Dieu a été assez bon pour se
révéler à nous ?

XLIV.

Prenez donc garde que *la Catholicit*
a rapport aux tems & aux lieux : tell
est la définition de nos *Catéchismes*
Prouveriez-vous bien qu'il n'y a pa
des Chrétiens dans tous les pays d
l'univers ? Prouveriez-vous bien que l
Christianisme n'a pas été prêché pa
tout ? Prouveriez-vous bien qu'il ne l
sera pas ? Que nous font les million
de Mahométans existans sur le globe
Puisque la Religion qu'ils professen
est nouvelle, elle n'en est pas plus *Cath*
lique, & vous n'en perdez pas moin
votre peine, à compter les têtes q
portent le turban.

XLV.

L'histoire de la prétendue mission de Zoroastre, de sa prétendue prédication, de ses prétendus miracles, de sa prétendue doctrine, de ses prétendus Apôtres; les rapports de cette histoire avec celle de Jésus-Christ, n'infirment point les preuves de notre Religion. Plus cette histoire & les autres histoires de tous les cultes de l'univers ont de traits de ressemblance avec nos traditions sacrées, plus il devient certain que toutes les nations ont puisé dans une source commune leurs premieres idées de révélation; mais il sera toujours aisé de distinguer la source d'avec les ruisseaux: celle de ces histoires, qui citera exactement les époques, les lieux, les témoins, au risque d'être convaincue de faux, si elle nous trompoit, sera toujours justement regardée comme le fond

& la regle de vérité à l'égard des autres ; & cependant il ne sera pas nécessaire d'avoir lu les autres, pour pouvoir prudemment donner à celle-ci notre croyance, parce que des témoignages circonstanciés ont par eux-mêmes un poids victorieux de tous les *peut-êtres*. Vous avez beau nous vanter l'antiquité des Guebres : Jésus-Christ a été annoncé avant sa naissance. L'histoire du Peuple Juif, remontant jusqu'à l'origine du monde, il ne peut y en avoir de plus ancienne.

XLVI.

„ Une maxime générale, digne de „ notre attention, dit le Théiste, „ c'est qu'il n'y a point de témoignage „ assez fort pour établir un miracle, „ à moins que ce témoignage ne soit „ d'une telle nature, que sa fausseté „ seroit

» ſeroit plus miraculeuſe que n'eſt le
» fait qu'il doit établir. »

Mais les miracles ne ſont point difficiles à Dieu : le témoignage humain ne trouve aucun contre-poids dans la difficulté intrinſeque des miracles, laquelle eſt abſolument nulle, par rapport à leur cauſe, l'Être ſuprême.

Les miracles prouvent la révélation, parce qu'ils ſont au-deſſus des forces de l'homme, & qu'il n'y a que Dieu ſeul qui puiſſe les opérer ; mais il n'en eſt pas moins vrai qu'ils ſont infiniment faciles à cette cauſe toute-puiſſante ; il ſuffit qu'elle commande, qu'elle veuille. Or, le témoignage humain, en prouvant les miracles, prouve que Dieu a voulu les opérer.

Où avez-vous puiſé votre maxime prétendue ?

Vous oppoſez la conſtance des loix

de la Nature à la faillibilité du témoignage humain ; cela ſeroit bon, ſi nous prétendions que c'eſt la Nature qui fait les miracles ; mais cela implique contradiction. C'eſt Dieu qui les fait, contre les loix de la Nature : il le peut ; & cela ſans aucune peine, ſans aucun effort. Vous créés donc des *maximes*, parce que vous ne voulez point de miracles ?

XLVII.

C'eſt par le témoignage des hommes, beaucoup plus que par notre propre expérience, que nous connoiſſons les loix de la Nature : c'eſt par le témoignage des hommes que nous connoiſſons les miracles. Nous n'avons droit de rejetter les miracles que l'on nous annonce, que lorſqu'il y a témoignages oppoſés à témoignages ; ſi d'ailleurs il ne nous apparoît ni impoſture dans le témoin, ni abſurdité dans la choſe qu'il certifie. *La fourberie ne doit pas ſe préſumer*; c'eſt une maxime générale, digne de notre attention; une maxime que nous n'avons point faite, mais qui étoit avant nous, & qui ſera éternellement.

XLVIII.

Il n'eſt pas vrai qu'aucun témoignage humain n'ait aſſez de force pour prouver un miracle; il en a autant pour cela que pour prouver tout autre effet infiniment facile à ſa cauſe; il en a autant pour cela que pour prouver la conſtace des loix de la Nature. Comment les connoiſſons nous, dans l'eſpace étroit de notre vie; dans le cercle plus étroit encore de notre habitation; dans les murs de nos villes; dans ceux de nos maiſons & de nos appartemens?

XLIX.

On nous donne un raiſonnement neuf contre les Prophéties, à-peu-près auſſi ſolide que ceux que l'on a imaginés contre les miracles. Le voici en ſubſtance :

» Tous les fondateurs de Religions » ont prédit l'avenir ; ils ont tous » annoncé des ſuccès, & le triomphe » à leurs diſciples. Suppoſons une lote- » rie, & un nombre de perſonnes » égal à celui des billets ; que chaque » perſonne prenne un billet, & aſſure » en le prenant qu'il apportera le gros » lot ; il faut que quelqu'un gagne. » Dira-t-on que celui qui gagnera, en » effet, étoit inſpiré ? »

Philoſophe ! ſi tous ceux qui ont pris les billets ont annoncé, de la part du ciel, que leur billet apporteroit le gros lot, vous avez une preuve manifeſte de l'impoſture de tous, excepté celui qui l'a gagné : cela eſt évident. Or, s'il n'étoit pas néceſſaire qu'un de ces *prédiſeurs* gagnât le gros lot, ce qui eſt de l'eſſence de votre loterie, l'événement alors ne prouveroit-il pas que celui qui l'a gagné ſeroit Prophête ? Que ſera-ce, ſi non-ſeulement la choſe prédite n'eſt point néceſſaire ; mais qu'elle ſoit difficile, grande, circonſtanciée, moralement incroyable ?

Votre élégante comparaiſon ne peut donc ſervir de baſe à un raiſonnement ſolide.

L.

Les prédictions ſans époques, ſans citation de lieux, ni de témoins, ſans noms de Prophêtes, que l'on trouve dans les autres Religions, ne ſont peut-être que des traditions, des altérations, de fausses applications des prophéties de nos Auteurs sacrés. Vous avez lu Virgile & Tacite. Vous savez ce que dit celui-ci, de l'attente où étoient les Peuples, d'une révolution universelle vers le tems de Jésus-Christ ; vous savez sur quel ton le Poëte chante le fils de Pollion ; rapprochez tout cela du livre d'Isaïe.

L I.

Ne dites pas que nos prophéties sont obscures ou équivoques. Celles de la perpétuité du Peuple Juif sur la terre ; celles de sa dispersion après la mort de Jésus-Christ, celles de la mort de Jésus-Christ, de sa résurrection, de ses miracles ; toutes celles-là sont plus claires que le Soleil, & vous êtes forcé de voir de vos yeux l'accomplissement des deux premieres.

L I I.

Oui, les prophéties, les miracles, les martyrs ; les prédications, les miſſions, dont on aime à nous faire l'étalage, que l'on dit être conſignés dans les livres des différentes Religions, ſont ſans doute les nôtres, dont on a oublié ou omis les circonſtances. Les miracles de Jéſus-Chriſt, & ſon hiſtoire, ne ſont pas reconnoiſſables dans l'Alcoran. Si Mahomet y eût encore altéré ſon nom, peut-être oppoſeroit on aujourd'hui à Jéſus-Chriſt un fantôme de plus.

L I I I.

Les variantes de l'Ecriture choquent auſſi nos Théiſtes, à ce qu'ils diſent ; ils les comptent par milliers, par trentaine de mille : il n'y a point de livres, nous objectent-ils, qui en aient un si grand nombre. Je le crois, parce qu'il n'y en a point qui aient été si souvent copiés. Mais, dès-là même, il n'y en a donc point qui aient autant de moyens de conserver la véritable leçon de leurs auteurs. Car plus les exemplaires sont multipliés, plus ces moyens sont nombreux & faciles. Les fêtes, le culte public, les cérémonies de la Religion, ne sont-ce pas autant de barrieres contre les altérations notables de l'Ecriture ? Mais tranchons en un seul mot. N'est-il pas impossible que l'on ait jamais écrit dans nos livres saints le contre-pied de ce qu'ont écrit leurs auteurs, sans la plus insigne fourberie ? Or, la fourberie ne doit point se présumer sans preuves. Il n'est donc pas permis, quelque nombre de variantes qu'offrent nos livres sacrés, d'en concluire qu'ils ont été corrompus dans leur ſubſtance. Remarquez, en paſſant, que l'Egliſe ne nous les donne pour abſolument intégres, que par rapport aux dogmes de la foi & aux regles de la morale. Nous voulons bien vous dire que nous connoiſſons dans les exemplaires de nos livres ſaints des variantes, qui vous ont peut-être échappé, & qui ne diminuent point notre reſpect pour ces pages divines.

L I V.

Les Religions, qui ſe diſent révélées, ont toutes quelque choſe de commun (*) ; leurs médiateurs paroiſſent être le même Jéſus-Chriſt, ſous différentes formes. Un homme, qui eſt tran-

(*) Voyez l'Ouvrage intitulé : *Parallele des Religions.*

quille & de bonne-foi dans la Religion qu'il profeſſe, eſt diſpenſé juſques-là d'examiner les autres ; s'il eſt dans l'erreur, cette erreur, moralement invincible, ne ſera point le ſujet de ſa condamnation au tribunal du juſte Juge : mais auſſi-tôt que les doutes s'élevent, & qu'il n'eſt plus en ſon pouvoir de croire ſincérement ſa Religion, quoiqu'il ne ſoit pas certain de ſa fauſſeté, il eſt obligé de s'éclaircir. Choſe ſinguliere ! des Miſſionnaires *Muſulmans*, *Lamiſtes*, ou *Talapoins*, pourroient avoir droit de ſe faire écouter du Philoſophe Théiſte !

L V.

On nous fait des reproches amers de ce que nous ne convertiſſons pas les Hérétiques Chrétiens avant d'aller prêcher l'Evangile aux Sauvages : les Hérétiques Chrétiens connoiſſent Jéſus-Chriſt ; ſur les dogmes particuliers, ils ont le témoignage de l'Egliſe, plus fort que le témoignage de nos Miſſionnaires.

L V I.

Tout homme eſt obligé de régler ſa conduite ſur les connoiſſances dont ſon eſprit ſe trouve éclairé : s'il connoît la révélation, même imparfaitement, il doit ſe ſoumettre à proportion de ſa perſuaſion intérieure ; s'il ne connoît qu'une partie, on ne l'aſtreindra, ſous des peines afflictives, qu'à une partie des obligations : s'il connoît la totalité, il ſera comptable de la totalité. C'eſt d'après ces principes que l'on peut juger dès à préſent les Guebres, les Juifs, les Muſulmans, les Foïſtes, les Lamiſtes, les Théiſtes & les autres.

LVII.

Vous formez une cohue de Révélationnistes, qui crient à *tue-tête*, & tous ensemble : » C'est moi qu'il faut » croire. — Non, c'est moi. — Moi. » — Moi. » Un homme de bonne-foi, dans sa Religion, les laissera crier.

LVIII.

Voici encore un raisonnement auquel les Théistes attachent une grande efficace.

» La certitude des prophéties & des » miracles, disent-ils, est infiniment » moindre que la conviction où nous » sommes, que l'examen & la discus» sion des faits de cette nature sont » au-dessus des forces de la plupart » des hommes, & que tout ce qui est » hors de la portée des trois quarts &

» demi du genre-humain, ne peut pas » être la preuve d'une Religion. Or, » une moindre évidence ne ſçauroit » détruire une évidence ſupérieure. »

Nous dirons éternellement, nous, que la preuve par témoin n'eſt point hors de la portée du vulgaire. Le moindre payſan ſçait que l'on ne doit point donner ſans raiſon le démenti à un homme, ni encore moins à pluſieurs, qui proteſtent *avoir vu & entendu.* Les ſimples & les ignorans ont *des yeux pour voir*, & s'ils n'ont pas vu eux-mêmes, ils ont *des oreilles pour entendre.* Les preuves des miracles s'analyſent dans ces mots : *J'ai vu : jai entendu.* C'eſt ainſi que parlent les Apôtres ; c'eſt ainſi que parlent les Martyrs, par la voix de leur ſang ; c'eſt ainſi que parle toute la chaîne de la tradition ; chaque anneau de cette chaîne de l'anneau auquel il tient, & qui le précede. Quel raisonnement obscurcira ou détruira ces mots: *J'ai vu : j'ai entendu?* Un raisonnement ne peut pas plus ôter la vue ou l'ouie à ceux qui voient & entendent, que les rendre aux aveugles & aux sourds. Un raisonnement ne peut pas rendre un *démenti gratuit* plus juste ni moins offensant.

A l'égard des prophéties, l'événement prouve encore d'une maniere sensible leur vérité.

L I X.

Le Théiste nous récite une difficulté du Docteur Tillotson contre l'Eucharistie. Par une délicatesse bien placée il nomme son auteur, afin de partager avec lui les honneurs du triomphe, supposé qu'il vienne à triompher.

» La présence réelle (de Jésus-Christ » dans l'Eucharistie) est en contradic- » tion avec les sens. Les fondemens » qu'on lui donne, l'Ecriture & la » Tradition, ont moins d'évidence que » ces mêmes sens. Une moindre évi- » dence ne sçauroit détruire une évi- » dence supérieure. Donc, quand même » la doctrine de la présence réelle seroit » clairement révélée dans l'Ecriture, » on ne pourroit pourtant la recevoir » sans choquer les loix les plus saines » du raisonnement. »

La présence réelle de Jésus-Christ dans l'Eucharistie, ô Philosophe! n'est point en contradiction avec nos sens. Les sensations, qui accompagnent la présence du pain & du vin, peuvent subsister lorsque le pain & le vin ne sont plus; nos songes en sont une preuve sans réplique. Nos sens n'apperçoivent point Jésus-Christ ; mais ils n'apperçoivent rien d'incompatible avec la présence de Jésus-Christ : partagez, si vous voulez, cette réponse avec le Docteur Tillotson..

Vous tâchez d'effaroucher les imaginations contre ce redoutable Mystere. Le Corps de Jésus-Christ, vous a-t-on enseigné peut-être autrefois dans le Catéchisme, est incorruptible, sous les especes sacrées : il n'éprouve donc point la digestion. Mais si l'on vous représentoit que par l'attouchement de ce Corps adorable, la matiere de nos corps est sanctifiée ; que l'estomac où il est reçu, sanctifie à son tour les alimens destinés à nourrir toutes les parties de nos corps : que trouveriez-vous donc-là d'indigne de Dieu ? Est-ce d'aujourd'hui que l'on se tient honoré de baiser la main d'un Prince, ou même d'un homme seulement vertueux ?

Cependant je vous déclare que j'évite de parler avec vous de nos Mysteres ; vous les blasphémez trop forcenément : je me borne à défendre contre vous la haie de la Religion. Tant que vous ne l'aurez pas rompue, vous ne devez pas essayer de pénétrer dans le sanctuaire.

L X.

Il n'est pas nécessaire que j'aille chercher dans tous les pays les plus éloignés, à toutes les époques des histoires les plus anciennes, s'il n'y a pas des contradicteurs de nos miracles, s'il n'y a pas des miracles opposés ; il suffit qu'il ne m'en apparoisse point.

Mais, direz-vous : *peut-être* néanmoins y a-t-il des contradicteurs ;

peut-être y a-t-il des miracles oppoſés : Je vous réponds qu'au moins vous ne me nierez pas que *peut-être* auſſi il n'y en a point ; ce n'eſt pas trop vous demander. Or, ces *peut-être*, qui ſe détruiſent réciproquement, & qui ſe réduiſent à *zéro*, ne doivent pas troubler la paix de nos conſciences, ni rien changer dans notre maniere de penſer & d'agir. Dans la balance de la raiſon, *zéro* n'eut jamais aucun poids.

LXI.

Vous nous *rétorquerez* peut-être notre principe. Puiſqu'il ne faut point préſumer le mal gratuitement, direz-vous, je ne dois pas préſumer gratuitement que le Lamiſte, que le Muſulman eſt dans l'erreur : avant de condamner leurs cultes, je ſuis donc obligé de les étudier ?

Prenez garde : je ne dois pas préſumer non plus gratuitement que leurs cultes ſoient meilleurs que le nôtre. Je ne dois pas préſumer en eux la mauvaiſe foi : c'eſt tout ce que vous pouvez tirer de votre *rétorſion.* Mais combien d'erreurs ne peut-on pas croire de bonne-foi ? Si néanmoins je viens, par haſard, à connoître la Religion du Lamiſte, ou celle du Muſulman, j'approuverai alors ce qu'elles pourront avoir de bon & de vrai, & je condamnerai ce qui me paroîtra faux & mauvais, d'après des témoignages ſuffiſans ou des principes inconteſtables. Vous, au contraire, vous êtes obligé de chercher infatigablement ſi, malgré vos déclamations, il n'y a pas ſur la terre une Religion révélée, dont les preuves ſoient à la portée de tous les hommes ?

LXII.

Quoi ! Philosophe, vous voudrie que toutes les Religions plaidassen leur cause contradictoirement devan chacun des individus humains, qui son dispersés sur le globe de la terre Calomnie ! vous écriez-vous : ce n'e point cela que je dis ; mais je veux qu l'on tienne pour fausses toutes les Rel gions prétendues révélées, par cett raison que l'on n'a point droit de refu ser à aucune l'avantage d'être oui contradictoirement avec ses rivales ce que vous convenez avec justice êtr impossible.

Non-seulement cela est impossible mais admirablement inutile. Ce qu Dieu nous demande, c'est que nou choisissions ce que nous connoisson de meilleur ; il ne nous demander amais rien au-delà ; & il ne nous demandera jamais *de chercher ſans fin & ſans raiſon.* Ces verités ſont ſi ſimples, ſi faciles ! elles ſont à la portée des hommes les plus épais, ou, pour mieux dire, il n'en eſt point qui puiſſent les ignorer. Un Philoſophe doit-il les méconnoître ?

L X I I I.

Notre Théiſte, parlant de lui-même, dit : » qu'il ſçait ſon Catéchiſme : » — Il n'y paroît pas : » — Qu'il eſt » jeune : » — Cela peut-être : » — Qu'il » eſt en tutelle. » — Cela eſt bien.

L X I V.

» Il faut ſe ſervir de ſes propres yeux » & non pas de ceux des autres, ſi » l'on veut trouver la vérité » dans les ſciences, dont l'objet eſt univerſel & permanent ; mais pour trouver le vrai dans les faits paſſés, il faut s'appuyer ſur le témoignage des yeux d'autrui, puiſque les nôtres ne peuvent voir *ce qui n'eſt plus.*

L X V.

» La premiere choſe qu'il faudroit » faire, dit le Philoſophe, (ſi l'on » vouloit s'inſtruire ſolidement) ſeroit » de douter de ſa Religion ; mais on » croiroit offenſer Dieu, ſi l'on for- » moit là-deſſus le moindre doute. »

O Philoſophe ! Eſt-il donc libre de douter, ou de ne pas douter à ſon gré ? On peut, il eſt vrai, agir ou ne pas agir, comme on le juge à propos ; mais croire, ou ne pas croire, ne dépend pas immédiatement de notre liberté. Celui qui eſt convaincu l'eſt *bon gré, mal gré :* tout ce qui eſt en ſon pouvoir, c'eſt d'appliquer ou de ne pas appliquer ſon eſprit à la conſidération des motifs qui l'engagent à croire, ou qui l'en détournent.

Il y a bien des ſoi-diſans Théiſtes, qui croient malgré eux la Religion Chrétienne ; cette croyance ſurvit au fonds de leur ame à la profeſſion extérieure & ſolemnelle du Chriſtianiſme : ils éloignent, ſi vous voulez, de leur eſprit les motifs qui les forcent à croire ; mais il ne peuvent ſe ſouſtraire tout-à-fait à l'empire de ces motifs.

Non, il n'eſt pas dans la nature, de donner à qui que ce ſoit, *ſans raiſon, un démenti outrageant ;* combien moins à un Peuple, ou à des Peuples entiers ? Les Théiſtes diſent qu'ils ne croient point ; ils agiſſent en contradiction avec la foi, ſans peut-être l'avoir ſi ſouvent perdue.

Je ſoutiens qu'il eſt impoſſible de

douter réellement, ſans avoir des motifs égaux pour & contre, ou nullité de motifs des deux parts. Ainſi, le conſeil de douter de la Religion, eſt illuſoire à la fois & coupable.

L X V I.

» Il y a des gens qui ne croient point » tout ce qu'ils font profeſſion de » croire, » & il y en a qui ne doutent pas de tout ce qu'ils font profeſſion de révoquer en doute.

L X V I I.

C'eſt avoir aſſez réfuté un Philoſophe, que d'avoir préſenté des principes évidens & immuables, d'où découlent les vérités qu'il combat ; il n'eſt pas néceſſaire de le ſuivre dans tous les détails & le dédale de ſes ſophiſmes, encore moins dans les *perſonnalités* & les *calomnies*.

LXVIII.

Les Théiſtes cependant demandent que nous les réfutions de pied à pied, ſans rien ſupprimer de leurs difficultés, de leurs raiſonnemens, de leur méthode, de ce qui précede un morceau, de ce qui le ſuit, des tours, des expreſſions ; c'eſt-à-dire, en un mot, de leurs livres : en effet, par ce moyen ils pourroient eſpérer de les voir imprimés *avec privilége*.

LXIX.

On nous objecte ſans fin les cruautés des conquérans Chrétiens, comme ſi elles étoient les cruautés du Chriſtianiſme : nous avons beau répéter que nous les déteſtons, on affecte de ne pas nous entendre.

On nous dit que les diſputes ont été

plus vives dans notre Religion que dans aucune autre. Il y en a une raison sensible : ce n'est qu'ici, ce n'est que parmi nous qu'il y a une conviction profonde, une entiere persuasion. Il est difficile dans les fausses Religions de rencontrer de *vrais croyans*. Mais l'Evangile a toujours condamné les violences, depuis que son Auteur défendit à ses Disciples d'appeller *le feu du ciel* sur une ville qui lui fermoit ses portes, disant : » *qu'il n'étoit pas venu* » *pour perdre, mais pour sauver les* » *hommes.* »

L X X.

Les témoignages, tant écrits que parlans, en faveur de l'Evangile, & en général de la Bible, sont innombrables. D'un autre côté, les livres sacrés sont remplis de prophéties, dont il y en a une foule qui ſont auſſi claires que le ſoleil, leſquelles ſont manifeſtement accomplies, ou s'accompliſſent continuellement ſous nos yeux, & pour ainſi dire entre nos mains. Quel eſt donc votre deſſein, en repréſentant toutes les prophéties comme équivoques & obſcures ? Vous ne pourrez faire croire qu'elles le ſont, en effet, qu'à ceux qui ne les ont jamais lues.

L X X I.

L'Evangile eſt rempli de faits datés, circonſtanciés, publics, & faciles à vérifier dans les tems voiſins des Apôtres ; d'où il eſt impoſſible que la multitude de Martyrs, qui ont donné leur vie pour ſa défenſe, ne fuſſent pas convaincus en toutes manieres de la vérité de ces faits. Nous devons regarder ces millions de Martyrs comme autant de témoins interrogés juridiquement, & dont le témoignage est consigné pour jamais, & à jamais incorruptible. La Religion ne s'appuie que sur des faits, dont il leur étoit aisé de s'instruire & de s'assurer. Ils sont morts pour la Religion ; donc ils avoient reconnu la sincérité de ces faits. Voilà ce que vous ne pouvez dire de vos prétendus martyrs Musulmans.

LXXII.

Vous nous dites & redites, jusqu'à vous fatiguer, qu'il faut examiner, comparer toutes les Religions avant de pouvoir prendre un parti sage ; & nous vous répéterons nous-mêmes, au risque d'être trop complaisans, que cet examen, que cette comparaison ne sont point nécessaires, qu'il suffit d'*écouter des témoins irréprochables*, *auxquels on n'a rien de raiſonnable à oppoſer.*

L X X I I I.

Nous admettons ce qu'il y a de bon dans le Théiſme, le Judaïſme, le Mahométiſme même; & toutefois nous ne ſommes ni Mahométans, ni Juifs, ni Théiſtes.

L X X I V.

La voie d'autorité eſt la plus sûre pour apprendre la Religion, en tant qu'elle eſt révélée; c'eſt même la ſeule voie, puiſque la voie d'autorité eſt la voie des témoignages; mais le Théiſte prétend que la voie d'autorité iroit à juſtifier toutes ſortes de Religions, pourvu que l'on y ſoit né.

Auſſi devons-nous demeurer dans la Religion, où nous ſommes nés, jusqu'à ce que la raison, ou une autorité plus grande & plus respectable que celle qui nous y retient, nous oblige à l'abandonner.

O Philosophe! nos principes, si évidens & si vulgaires, si je l'ose dire, font face à toutes vos *batteries*; vos *mortiers*, pour me servir de votre bruyante expression, ne sçauroient les entamer : vous tirez contre le soleil!

LXXV.

Vous assurez; » que l'on jouit dans » toutes les Religions d'une parfaite » sécurité; que chacun croit y sentir ces avantages, en bénit le ciel, » meurt tranquille; & qui plus est, » souffre le martyre dans l'occasion. » Comment êtes-vous donc devenu Théiste?

LXXVI.

Quand tout le monde ceſſeroit de croire la Religion, ſes preuves ne ſeroient pas pour cela anéanties; la chaîne des témoignages ſubſiſteroit, quand même le dernier anneau ſeroit caſſé, ce qui arrivera peut-être à la fin des tems: Jéſus-Chriſt ſemble nous en prévenir, lorſqu'il nous dit: » qu'à ſon » retour il trouvera (peu) de foi ſur » la terre. »

LXXVII.

La déciſion des queſtions entre notre Egliſe & l'Egliſe Grecque, ou les Egliſes Proteſtantes, doit ſe faire par témoignage. C'eſt par témoignage que nous ſçavons, que nos Evêques ont reçu l'Evangile de leurs prédéceſſeurs, & que ceux-ci l'avoient reçu de main en main des Apôtres, en l'état où nous l'avons aujourd'hui. C'eſt par témoignage que nous ſçavons que l'interprétation, que le Corps Epiſcopal nous donne de ce livre ſacré, vient également de ſucceſſeurs en ſucceſſeurs de la bouche des Apôtres. Les dépoſitaires de l'Ecriture & de ſon vrai ſens, n'ont pu être autres que les Docteurs, établis divinement pour enſeigner tous les hommes juſqu'à la fin des ſiecles. Ces Docteurs ſont les Evêques; ils ont la ſuprême autorité dans l'Egliſe. Donc ce Corps eſt infaillible dans l'enſeignement, autrement il pourroit enchaîner la vérité, puiſque tout le reſte des Prêtres & des Fideles ſont dans une entiere dépendance de lui dans toutes les choſes ſpirituelles.

Auſſi c'eſt aux Apôtres, & dans

leurs personnes aux Evêques, que Jésus-Christ dit après sa résurrection : „ Allez, & prêchez l'Evangile à toutes les „ créatures. „ C'est donc le plus grand nombre des Evêques, unis à leur chef, puisque l'Eglise a essentiellement un chef, qui a toujours dû faire la regle de vérité, lorsqu'il s'est élevé des contestations dans le Christianisme. Voilà ce que nous représentons à nos freres. Mais que vous font nos divisions ? Les Schismatiques Grecs, ni les Protestans, ne sont pas Théistes, ni Turcs.

L X X V I I I.

Vous dites après Celse : „ qu'il y a „ une infinité de personnes à qui l'on „ peut appliquer les prophéties avec „ beaucoup plus de vraisemblance qu'à „ Jésus-Christ. „ Vous ajoutez, que plusieurs faux Messies ont été crucifiés comme lui.

Mais combien sont ressuscités? Combien, dont leur nation a gardé les corps, détachés de la croix; &, souverainement intéressée à les produire trois jours après, n'a cependant jamais pu le faire? Preuve négative, mais d'une force invincible, de la résurrection du vrai Messie Jésus-Christ! Combien dont les Disciples aient attesté, en signant volontairement ce témoignage de tout leur sang, qu'ils l'avoient vu, qu'ils l'avoient touché, qu'ils avoient conversé, bu & mangé avec lui pendant quarante jours, depuis sa résurrection; & l'avoient enfin suivi des yeux à son ascension miraculeuse dans les airs!

Jésus-Christ avoit prédit, qu'il ressusciteroit trois jours après sa mort.

Toute la nation Juive ſçavoit cette prophétie : Il ſuffiſoit, pour convaincre à jamais d'impoſture celui qui l'avoit faite, de montrer ſon corps ſans vie trois jours après ſon ſupplice ſi déshonorant. C'eſt ce que les Juifs n'ont pu ; & cette impuiſſance les rend, pour ainſi dire, témoins eux-mêmes de la réſurrection de Jéſus-Chriſt devant tous les Peuples.

Mais le témoignage des Apôtres eſt poſitif, & leur mort volontaire lui ajoute un poids immenſe.

LXXIX.

Le défenſeur de *Mamoud*, ſuppoſant que ſes raiſonnemens volumineux produiront au moins l'effet d'obliger ceux qui liront ſon triſte Ouvrage à examiner quelle eſt la meilleure des Religions qui ſe diſent révélées, de-

mande d'une voix haute ; » Et pendant
» l'examen, quelle Religion professe-
» rez-vous ? » Philosophe ! si l'examen
me devenoit nécessaire, pendant l'examen, je professerois la Religion dans
laquelle je suis né. *Melior est conditio
possidentis.*

LXXX.

J'aime à entendre un Théiste appeller *Pyrrhonien* le célebre Evêque
d'Avranches. (*)

Cependant il est faux, » que les
» sens nous trompent sans cesse, &
» que nous ne soyons sûrs de rien par
» leur intermede ». C'est trop dire ;
nos sens nous trompent sans cesse en
bien des choses ; mais quand nous
éprouvons une sensation, nous som-

(*) M. Huet.

mes très-aſſurés que nous l'éprouvons. Quand je lis votre livre, je ſuis certain que j'éprouve diverſes impreſſions. Je ne crains pas même de juger, qu'en effet ce livre exiſte hors de moi, & que ſon auteur veut paſſer pour Théiſte. » Or, c'eſt de nos ſens que » dépendent les preuves du Chriſ- » tianiſme : » de nos ſens, dis-je, en tant qu'ils ſont véridiques. Donc les preuves du Chriſtianiſme ne ſont point douteuſes.

LXXXI.

Le Paganiſme, choquant les premiers principes de la raiſon, n'a jamais eu droit de ſe prévaloir de la multitude de Nations qui ont profeſſé la croyance de pluſieurs Dieux.

LXXXII.

Ce n'eſt pas préciſément l'étendue

du Christianisme ni du Judaïsme, qui les éleve au-dessus des fausses Religions; mais cette étendue & leur durée, comparées avec les prophéties. L'étendue & la durée du Judaïsme, comparée à la promesse faite, il y a près de quatre mille ans, à un seul homme, Abraham, dont est sorti la nation Juive; promesse renouvellée cent & cent fois depuis cette époque : l'étendue & la durée du Christianisme, comparée à la promesse faite à douze hommes du bas peuple, qui devoient en être les prédicateurs; promesse renouvellée par ces hommes à leurs Disciples : voilà ce que vous ne trouvez point dans les autres Religions. Il n'y en a point qui aient duré aussi long-tems sur la terre. Donc il n'y en a point qui puisse alléguer contre nous ce genre de preuve, ou plutôt, de démonstration.

LXXXIII.

Il ne nous eſt pas libre de *croire* ou de *ne pas croire* à notre gré. Celui qui croit a donc des motifs qui lui paroiſſent raiſonnables & ſuffiſans : voilà pourquoi Jéſus-Chriſt & l'Egliſe, qu'il a enſeignée, ſe contentent de la foi dans les Chrétiens, relativement aux vérités ſpéculatives. Encore un coup, la foi du *Charbonnier* eſt ſouvent plus raiſonnable que celle des Géometres, comme ſes actions ſouvent ſont plus vertueuſes que celles des Théiſtes.

LXXXIV.

» L'Être ſuprême demandera compte » aux Paſteurs de l'égarement de leurs » troupeaux. » Prêtres! voilà une grande vérité ! Mais ne craignezpas, toutefois, que le ſujet de votre condamnation, au tribunal du juste Juge, puisse être, comme le dit notre véhément Philosophe, le peu de soin que vous prenez d'enseigner *le Théisme* à vos peuples !

LXXXV.

On est obligé d'examiner sa Religion lorsqu'on a des doutes ; mais le vrai *doute* n'est pas plus libre en nous, que la *conviction* & la *croyance*. Laissez-donc tranquilles nos Fideles, qui n'ont point d'inquiétude dans leur foi ; & vous, si vous éprouvez quelquefois des frayeurs involontaires, appliquez-vous à la considération des *faits & des témoignages*, qui, sans autre appareil, forment la preuve du Christianisme ; peut-être vous releverez-vous jusqu'à la foi sublime du *bon Charbonnier*.

LXXXVI.

Il y a des sectes dans l'Athéisme ; il

y en a dans le Théiſme ; il y en a eu dans le Judaïſme, dans le Paganiſme ; il y en a dans le Chriſtianiſme, dans le Mahométiſme. Prétendre » que la Reli- » gion véritable eſt celle dans laquelle » il n'y a point de ſecte, » ſeroit pré- tendre qu'il n'y a point de véritable Religion. Je ne crois pas néanmoins que ce ſoit-là votre penſée ; ce n'eſt qu'une mépriſe.

LXXXVII.

Faut-il avoir examiné & comparé tou- tes les figures de la Géométrie, pour aſſurer qu'il n'y a que le cercle qui ait tous ſes rayons égaux ? Si cela eſt néceſ- ſaire, il eſt néceſſaire auſſi d'avoir exa- miné & comparé toutes les Religions, pour juger que la nôtre eſt la bonne.

LXXXVIII.

» Je ne ſçais ce que veulent me dire

» les Théistes, pourroit s'écrier un » homme du bon peuple : je n'entends » rien dans leurs raisonnemens subtils. » Ils me parlent de *Fô*, de *Sommona-* » *codom*. Je ne sçais jusqu'à quel point » il faut condamner les Religions Chi- » noise & Siamoise. J'ignore si *Sommo-* » *nacodom & Fô*, ne sont point des déno- » minations telles quelles & des sobri- » quets de Jésus-Christ : je laisse tout » cela à la curiosité des Sçavans. — Mon » Curé procede plus clairement ; il me » lit des *faits & des témoignages*. Les » faits qu'il me lit ne peuvent avoir » été opérés que par la puissance divine ; » & les témoins ne me paroissent pas » mériter qu'on leur donne le démenti. » Si on fait autre chose à la Chine ou » Siam, ces gens-là ont tort : ils ont » raison s'ils font comme nous. Mais, » Messieurs les Théistes me semblent

„ bien plaiſans, de vouloir décider dans „ leur cabinet de ce qui s'eſt paſſé ou „ ſe paſſe dans tout le reſte de l'uni- „ vers ; & cela contre la dépoſition de „ pluſieurs millions de ſpectateurs. „ Bon Dieu ! qu'eſt-ce donc que la *Phi-* „ *loſophie ?* „

LXXXIX.

Le monde n'eſt d'aucun prix aux yeux de l'Être infini, ſans l'union d'une Perſonne divine. Quelque grand que vous ſuppoſiez l'univers, quelque multitude de ſoleils que vous admettiez comme autant de centres de différens ſyſtêmes ; qui occupent, peut-être, l'eſpace *immeſurable* qui nous environne ; tout cela n'eſt rien, comparé à l'infinité du Créateur. Sans l'union d'un Dieu à ſon ouvrage, Dieu n'eut point eu de motif digne de lui de le tirer du néant. Voilà une preuve de la Religion Chrétienne, à laquelle tous les Théistes présens & à venir n'oppoferont jamais rien de raifonnable : c'est au Métaphyficien Mallebranche qu'ils doivent cet effrayant argument.

X C.

Pour affurer » qu'il n'y a aucune » Religion de toutes celles qui fe pré- » tendent révélées, dont les preuves » foient à la portée des fimples & des » ignorans, » il faudroit avoir étudié ces Religions & toutes leurs preuves. C'eft ainfi que les *mortiers* de nos ennemis retombent fur leurs têtes.

X C I.

C'eft *Gier-Ber*, vous écriez-vous, qui vous a fouflé cette chicanne. N'eft-il pas clair » qu'une Religion, dont

» les preuves ne ſont point à la portée » de tous les hommes raiſonnables, » ne peut être la Religion établie de » Dieu pour les ſimples & pour les » ignorans ? » Répondez ?

Pas trop clair. Je vous avoue que je n'aime pas donner des loix à Dieu témérairement. Mais quand je vous paſſerois cette propoſition, ce ne pourroit être ſans la modifier & la reſtreindre ; il faudroit la changer ainſi : » une » Religion, qui n'a *aucune* preuve à la » portée de tous les hommes raiſonna» bles, ne peut être la Religion établie » de Dieu pour les ſimples & pour les » ignorans. Sentez-vous la difference ? »

Il faudra reſtreindre & modifier pareillement la propoſition ſuivante de votre orgueilleux ſyllogiſme, ſans cela cet argument, qui peche déja par le *fonds*, pécheroit encore par la *forme*.

La seconde proposition sera donc celle-ci : » Or, il n'y a aucune des Religions » qui se prétendent révélées, qui ait » *une seule* de ses preuves à la portée de tous les hommes raisonnables ». C'est ce paradoxe que vous auriez dû prouver dans votre *persifflage Turc* des Ouvrages de M. l'Abbé Bergier ; dans les deux cens quarante-deux *notes explicatives*, & dans le *supplément* qui termine les deux volumes. Vous avez vainement essayé de prouver une proposition qui n'est point celle-là. Mais eussiez-vous réussi, par impossible, à prouver celle-là même, de quoi serviroit votre argument aux simples & aux ignorans, puisqu'il supposeroit une discussion plus effrayante encore que celle dont, selon vous, les Sçavans sont incapables ? Les trois quarts du genre-humain qui dis-je ? la totalité doit donc, d'après vous, demeurer ſous le joug de la Religion de ſes peres, ſi une évidence impérieuſe & indépendante de toutes ces recherches ne le force à l'abandonner; en quoi nous ſommes de votre avis.

Des faits, des témoignages, ſont des preuves à la portée des ſçavans & des ignorans. *Des faits, des témoignages égaux*, ou la *conſcience*, peuvent ſeuls les contrebalancer. Renvoyez donc votre *cheval de bataille* au labourage; & ceſſez de vanter un ſyllogiſme diſloqué dans tous ſes membres, & dont la concluſion ne tient à rien.

XCII.

Les incrédules, avant leur nouveau cheval de bataille, en avoient un autre qui ne les a pas mieux ſervis.

» Interrogeons les Religionnaires, » disoient-ils ; Juifs, quelle seroit la » meilleure Religion, si ce n'étoit la » vôtre ? — La Religion naturelle. » — Et vous, Chrétiens, si le Christ- » tianisme n'étoit pas le meilleur culte, » lequel choisiriez-vous ? — Le natura- » lisme. — Mais vous, Mahométans, » quelle est la Religion préférable à » toutes les autres, après le Mahomé- » tisme ? — La Religion naturelle. — Et » vous, Guèbres ; ... & vous, Foïs- » tes ; ... & vous, Lamistes ; ... & » vous ; ... & vous ? — La Religion » naturelle. — La Religion naturelle. » — Eh bien, ajoutoient nos Philoso- » phes, tout le monde donne au natura- » lisme la seconde place parmi les Reli- » gions, & il ne cède la première à per- » sonne. Tirez la conséquence ! »

La conséquence ? C'est que tout le

mond

monde regarde le naturaliſme comme inſuffiſant. On a ſenti la légitimité de cette réponſe, ſans doute. On a caparaçonné un autre *cheval de bataille* ; mais ſon armure l'empêche de marcher.

XCIII.

Il paroît que la calomnie eſt permiſe dans le nouveau ſyſtême : je n'en veux d'autre preuve que l'horrible tableau que l'on nous fait de *Gier-Ber.* Si l'original exiſtoit, il ne pourroit être connu que de Dieu.

XCIV.

Vous exhortez les Curés, à renoncer ſolemnellement au Chriſtianiſme, à ſe contenter d'un ſalaire honnête, pour raſſembler, ſans doute, leurs peuples ſoir & matin, & leur faire chanter la priere Théiste du Docteur Anglois. Cette priere pourra être chantée sans remords par les plus grands scélérats. Voilà une République, qui n'est pas celle de Platon ; mais qui n'en est pas meilleure.

XCV.

Vous écrivez à des Séminaristes, à des Etudians en Théologie ; adressez plutôt vos lettres à leurs Supérieurs, & à leurs Régens ; ou plutôt, encore, n'écrivez plus.

XCVI.

Si les Théistes excommunient de leur secte, comme ils l'annoncent, tous les libertins, tous les ignorans, tous les gens de plaisir, elle se trouvera réduite à bien peu de monde.

XCVII.

Je parlois à quelqu'un du *Syſtême de la Nature*, & du Matérialiſme, que profeſſoit l'Auteur de ce Livre. Nous étions dans un jardin. Il cueillit une roſe. » Tenez, me dit-il, *voici la réfu-» tation.* » Parole ſublime !

En effet, jettons un ſimple coup-d'œil ſur la ſymétrie étonnante qui regne dans la conformation de cette fleur, dans la conformation de chacune des feuilles qui la compoſent, & de celles qui ornent les branches de l'arbuſte qui la porte : examinons leur parfaite reſſemblance entr'elles ; obſervons que toutes peuvent être diviſées en deux parties, droite & gauche, dont l'une ſera encore l'image exacte de l'autre : nous ſerons forcés de reconnoître que c'eſt-là l'ouvrage d'une intelligence qui aime l'ordre, & conséquemment la vertu. Que sera-ce si nous étendons ensuite notre vue sur toutes les plantes, sur tous les arbres de l'univers ?

C'est assez contre les Athées.

Si nous voulons nous élever jusqu'à l'infinité divine ; rien n'est plus aisé : Dieu possede-t-il dans sa substance une infinité de perfections essentiellement diverses ? Si j'entends cette question ; elle est décidée. Si j'entends ce que signifie cette question ; je vois par la pensée une infinité d'essences différentes. Elles existent donc ? attendu qu'une seule, ni deux, ni trois, ne peuvent me les représenter toutes. Mais les perfections ou essences primitives, ne sçauroient être séparées les unes des autres : le néant ne sçauroit leur être interposé. Elles se réunisſent donc & ſe confondent dans une eſſence générale, indiviſible, ſimple, & infiniment infinie, qui eſt DIEU MÊME. Voilà pour les vrais Métaphyſiciens.

Je crois auſſi qu'après avoir lu le Livre intitulé : *Certitude des preuves du Mahométiſme*, on pourroit, en montrant l'Evangile, dire avec confiance : » *voici la réfutation.* »

En effet, une ſociété nombreuſe m'aſſure qu'elle a reçu ce livre de ſes peres ; que ſes peres lui ont déclaré l'avoir reçu de leurs peres, comme venant des Apôtres. On y voit dans quel ſiecle ils exiſtoient, dans quel pays ils habitoient. Les tems, les lieux, les noms, les circonſtances ſont marquées dans ce livre juſqu'aux moindres détails. Il rapporte une multitude de miracles, leſquels, quoique ſurnaturels, ſont des phénomenes viſibles & palpables. La même ſociété me certifie qu'elle a appris que dans les tems & les lieux voiſins de Jéſus-Chriſt, que des millions de Martyrs ont donné volontairement & avec joie leur vie pour ce livre, uniquement appuyé ſur les miracles qu'il raconte, & qu'il leur étoit infiniment facile de vérifier.

Les premieres voix, qui auroient dit que l'Evangile a été écrit par les Apôtres, ſi cela étoit faux; les premieres voix, qui auroient publié la mort volontaire d'un million de Martyrs pour ce livre ſacré, s'il n'y avoit point eu de Martyrs, ſe ſeroient ſouillées de fourberie ou d'extravagance.

La raiſon cependant ne me défend point de croire les miracles; mais elle me défend de donner jamais gratuitement à perſonne un démenti outrageant.

Quand la raiſon ſe taît, les témoins ſont recevables. C'eſt ſur cette loi éternelle, connue & révérée de tout le genre-humain, que repoſent notre vie & nos plus chers intérêts ici-bas. L'homme le plus groſſier, le plus petit enfant, ne peuvent recevoir un démenti qu'en rougiſſant.

Je dois donc croire tant de témoignages réunis, ſcellés, pour un grand nombre, de tout le ſang des témoins : je dois croire les faits liés à ces témoignages : je dois croire la révélation liée à ces faits : je dois laiſſer le Théiſte & fermer ſon livre.

FIN.

APPROBATION.

J'Ai lu, par ordre de Monſeigneur le Garde des Sceaux, un Manuſcrit qui a pour titre : *Penſées ſur le Théïſme.* La préciſion, la juſteſſe, la clarté & la ſolidité des idées, tout me paroît réuni dans ce petit Ouvrage, qui eſt bien propre à faire une impreſſion ſalutaire ſur ceux qui le liront, & à leur ſervir de préſervatif contre les fauſſes ſubtilités, & les ſophiſmes de l'incrédulité. A Paris, le 22 Mars 1785.

RIBALLIER, *Cenſeur Royal.*

www.ingramcontent.com/pod-product-compliance
Ingram Content Group UK Ltd.
Pitfield, Milton Keynes, MK11 3LW, UK
UKHW012049240726
13965UKWH00003B/1161